《会计基本技能（第二版）》配套练习册

主　编　刘树海　李　蕊
副主编　郭佳怡　刘海朋

中国人民大学出版社
·北京·

阿拉伯数字书写基本技能练习

班级：　　　　　　　　姓名：　　　　　　　　学号：　　　　　　　　成绩：　　　　　　　　用时：

阿拉伯数字的规范书写方法及要求：（1）要使用手写体，不能写成美术字；（2）向右倾斜 60 度左右；（3）数字的高度最多占分位格的下半格，或可再低一些。书写阿拉伯数字时要求必须同时做到以上三点，缺一不可。

阿拉伯数字书写基本技能练习

班级：　　　　　　姓名：　　　　　　学号：　　　　　　成绩：　　　　　　用时：

阿拉伯数字的规范书写方法及要求：(1) 要使用手写体，不能写成美术字；(2) 向右倾斜 60 度左右；(3) 数字的高度最多占分位格的下半格，或可再低一些。书写阿拉伯数字时要求必须同时做到以上三点，缺一不可。

会计数字书写基本技能实训（中文大写数字）

班级：　　　　姓名：　　　　学号：　　　　成绩：　　　　用时：

零	壹	贰	叁	肆	伍	陆	柒	捌	玖	拾	佰	仟	万	亿	元	角	分	整	人	民	币

会计数字书写基本技能练习（中文大写数字）

班级：　　　　姓名：　　　　学号：　　　　成绩：　　　　用时：

零	壹	贰	叁	肆	伍	陆	柒	捌	玖	拾	佰	仟	万	亿	元	角	分	整	人	民	币

会计数字书写基本技能实训（中文大写数字）

班级：　　　　姓名：　　　　学号：　　　　成绩：　　　　用时：

零	壹	贰	叁	肆	伍	陆	柒	捌	玖	拾	佰	仟	万	亿	元	角	分	整	人	民	币

会计数字书写基本技能实训（中文大写数字）

班级：　　　　　　姓名：　　　　　　学号：　　　　　　成绩：　　　　　　用时：

零	壹	贰	叁	肆	伍	陆	柒	捌	玖	拾	佰	仟	万	亿	元	角	分	整	人	民	币

财会综合技能——传票算　练习试卷 1

班级：　　　　姓名：　　　　学号：　　　　成绩：　　　　用时：

要求按题号顺序计算，不要跳题。　　　　计算题数：　　　　对题数：

序号	起止页数	行号	答数	序号	起止页数	行号	答数
1	5～24	三		11	30～49	三	
2	22～41	五		12	37～56	一	
3	47～66	四		13	10～29	一	
4	62～81	一		14	27～46	三	
5	80～99	二		15	38～57	二	
6	2～21	五		16	63～82	四	
7	20～39	二		17	71～90	五	
8	47～66	三		18	27～46	三	
9	63～82	一		19	8～27	一	
10	80～99	四		20	47～66	三	

财会综合技能——传票算　练习试卷 2

班级：　　　　姓名：　　　　学号：　　　　成绩：　　　　用时：

要求按题号顺序计算，不要跳题。　　　　计算题数：　　　　对题数：

序号	起止页数	行号	答数	序号	起止页数	行号	答数
1	10～29	二		11	64～83	二	
2	23～42	三		12	69～88	三	
3	18～37	五		13	19～38	二	
4	72～91	一		14	32～51	一	
5	52～71	四		15	4～23	五	
6	55～74	二		16	64～83	四	
7	37～56	二		17	46～65	一	
8	54～73	一		18	81～100	三	
9	78～97	四		19	47～66	五	
10	27～46	三		20	54～73	二	

财会综合技能——传票算　练习试卷 3

班级：　　　　姓名：　　　　学号：　　　　成绩：　　　　用时：

要求按题号顺序计算，不要跳题。　　　　计算题数：　　　　对题数：

序号	起止页数	行号	答数	序号	起止页数	行号	答数
1	26～45	一		11	58～77	一	
2	72～91	三		12	80～99	二	
3	18～37	四		13	25～44	四	
4	38～57	二		14	28～47	五	
5	16～35	五		15	62～81	一	
6	48～67	一		16	46～65	三	
7	2～21	三		17	39～58	五	
8	11～30	二		18	73～92	四	
9	54～73	四		19	41～60	一	
10	75～94	五		20	23～42	二	

财会综合技能——传票算　练习试卷 4

班级：　　　　姓名：　　　　学号：　　　　成绩：　　　　用时：

要求按题号顺序计算，不要跳题。　　计算题数：　　　　对题数：

序号	起止页数	行号	答数	序号	起止页数	行号	答数
1	27～46	三		11	21～40	五	
2	18～37	四		12	43～62	二	
3	4～23	一		13	76～95	四	
4	62～81	三		14	15～34	一	
5	36～55	二		15	34～53	三	
6	41～60	四		16	71～90	一	
7	38～57	一		17	69～88	五	
8	72～91	三		18	19～38	二	
9	52～71	五		19	8～27	四	
10	81～100	二		20	48～67	三	

财会综合技能——传票算　练习试卷 5

班级：　　　　姓名：　　　　学号：　　　　成绩：　　　　用时：

要求按题号顺序计算，不要跳题。　　　　计算题数：　　　　对题数：

序号	起止页数	行号	答数	序号	起止页数	行号	答数
1	21～40	一		11	45～64	二	
2	54～73	二		12	31～50	五	
3	64～83	五		13	42～61	一	
4	43～62	三		14	32～51	四	
5	80～99	四		15	78～97	三	
6	78～97	一		16	45～64	一	
7	51～70	五		17	62～81	二	
8	45～64	二		18	12～31	三	
9	12～31	四		19	51～70	四	
10	58～77	三		20	24～43	一	

财会综合技能——传票算　练习试卷 6

班级：　　　　姓名：　　　　学号：　　　　成绩：　　　　用时：

要求按题号顺序计算，不要跳题。　　计算题数：　　　　对题数：

序号	起止页数	行号	答数	序号	起止页数	行号	答数
1	59～78	二		11	57～76	三	
2	53～72	三		12	64～83	一	
3	45～64	五		13	76～95	二	
4	41～60	四		14	34～53	四	
5	32～51	一		15	65～84	五	
6	54～73	一		16	12～31	一	
7	46～65	三		17	56～75	二	
8	78～97	二		18	72～91	四	
9	45～64	四		19	64～83	三	
10	29～48	五		20	12～31	五	

财会综合技能——传票算　练习试卷 7

班级：　　　　姓名：　　　　学号：　　　　成绩：　　　　用时：

要求按题号顺序计算，不要跳题。　　　　计算题数：　　　　对题数：

序号	起止页数	行号	答数	序号	起止页数	行号	答数
1	21～40	三		11	45～64	三	
2	74～93	二		12	31～50	一	
3	64～83	一		13	42～61	五	
4	13～32	五		14	32～51	二	
5	20～39	四		15	78～97	四	
6	28～47	一		16	45～64	五	
7	41～60	五		17	32～51	二	
8	35～54	二		18	12～31	一	
9	52～71	四		19	51～70	三	
10	28～47	三		20	74～93	一	

财会综合技能——传票算　练习试卷 8

班级：　　　　姓名：　　　　学号：　　　　成绩：　　　　用时：

要求按题号顺序计算，不要跳题。　　计算题数：　　　　对题数：

序号	起止页数	行号	答数	序号	起止页数	行号	答数
1	59～78	四		11	57～76	三	
2	53～72	一		12	64～83	一	
3	45～64	三		13	46～65	二	
4	41～60	二		14	64～83	四	
5	62～81	一		15	55～74	五	
6	54～73	一		16	42～61	一	
7	36～55	三		17	26～45	二	
8	48～67	二		18	52～71	四	
9	55～74	四		19	14～33	三	
10	79～98	五		20	22～41	五	

财会综合技能——传票算　练习试卷 9

班级：　　姓名：　　学号：　　成绩：　　用时：

要求按题号顺序计算，不要跳题。　　计算题数：　　对题数：

序号	起止页数	行号	答数	序号	起止页数	行号	答数
1	41～60	三		11	25～44	三	
2	64～83	二		12	21～40	一	
3	14～33	一		13	43～62	五	
4	43～62	五		14	62～81	二	
5	30～59	四		15	38～57	四	
6	24～43	三		16	45～64	一	
7	31～50	二		17	32～51	三	
8	32～51	一		18	12～31	五	
9	42～61	五		19	51～70	四	
10	68～87	四		20	74～93	二	

财会综合技能——传票算　练习试卷 10

班级：　　　　姓名：　　　　学号：　　　　成绩：　　　　用时：

要求按题号顺序计算，不要跳题。　计算题数：　　　　对题数：

序号	起止页数	行号	答数	序号	起止页数	行号	答数
1	54～73	五		11	42～61	五	
2	36～55	一		12	26～45	一	
3	48～67	三		13	52～71	二	
4	52～71	四		14	14～33	四	
5	79～98	二		15	22～41	三	
6	57～76	五		16	73～92	三	
7	64～83	一		17	14～33	四	
8	46～65	三		18	34～53	三	
9	64～83	二		19	48～67	一	
10	55～74	四		20	51～70	五	

财会综合技能——传票算　练习试卷 11

班级：　　　　姓名：　　　　学号：　　　　成绩：　　　　用时：

要求按题号顺序计算，不要跳题。　　　　计算题数：　　　　对题数：

序号	起止页数	行号	答数	序号	起止页数	行号	答数
1	52～71	三		11	25～44	四	
2	64～83	五		12	21～40	三	
3	74～93	一		13	63～82	五	
4	43～62	二		14	62～81	一	
5	60～79	四		15	38～57	二	
6	24～43	五		16	45～64	五	
7	31～50	三		17	32～51	一	
8	32～51	四		18	12～31	三	
9	42～61	二		19	51～70	二	
10	68～87	一		20	74～93	四	

财会综合技能——传票算　练习试卷 12

班级：　　　　姓名：　　　　学号：　　　　成绩：　　　　用时：

要求按题号顺序计算，不要跳题。　　计算题数：　　　　对题数：

序号	起止页数	行号	答数	序号	起止页数	行号	答数
1	54～73	五		11	42～61	五	
2	31～50	一		12	66～85	一	
3	48～67	三		13	52～71	二	
4	55～74	四		14	74～93	四	
5	19～38	二		15	42～61	三	
6	57～76	五		16	73～92	三	
7	64～83	一		17	64～83	四	
8	46～65	三		18	34～53	三	
9	34～53	二		19	48～67	一	
10	55～74	四		20	51～70	五	

财会综合技能——账表算　练习试卷 1（中级）

班级：　　　　姓名：　　　　学号：　　　　成绩：

要求：先纵向计算，10 分/题；后横向计算，8 分/题。不得跳题，否则倒扣分，轧平数 50 分，每页总分 200 分。

序号	一	二	三	四	五	六	七	合计
一	10,586.27	7,629.03	2,048.95	4,392.76	9,385.04	1,294.35	6,087.21	
二	9,403.61	32.57	69,412.37	1,875.24	2,649.73	5,137.89	4,359.08	
三	14,305.89	1,685.49	−50.19	3,680.59	7,094.31	17,896.02	7,821.45	
四	3,712.05	90,418.56	1,893.07	2,436.87	61.85	4,760.85	−3,968.72	
五	2,860.74	2,307.15	9,708.35	58,102.73	4,207.61	3,984.07	59.31	
六	5,943.81	4,918.07	3,162.54	6,081.92	91,740.53	1,326.94	4,751.03	
七	72.43	27,904.86	−6,347.21	5,730.14	3,852.96	9,602.51	29,438.67	
八	9,687.02	6,341.92	43,875.62	70.19	5,174.82	14,583.07	6,124.05	
九	6,795.21	1,057.83	5,860.49	2,593.64	67,082.91	72.63	−5,430.69	
十	4,836.95	5,832.46	7,102.86	96,480.51	2,853.06	6,045.82	18,697.02	
合计								

财会综合技能——账表算　练习试卷 2（中级）

班级：　　　　　　姓名：　　　　　　学号：　　　　　　成绩：

要求：先纵向计算，10 分/题；后横向计算，8 分/题。不得跳题，否则倒扣分，轧平数 50 分，每页总分 200 分。

序号	一	二	三	四	五	六	七	合计
一	90,475.16	6,518.29	1,937.84	3,281.65	8,274.93	2,183.04	5,976.10	
二	8,392.05	21.46	58,301.26	1,764.03	1,538.62	4,026.78	3,248.79	
三	30,284.79	4,570.38	−48.09	2,579.48	6,083.29	96,785.01	6,710.34	
四	2,601.94	89,307.45	2,780.96	1,325.76	50.74	3,659.74	−2,857.61	
五	1,759.63	1,296.04	8,697.24	97,041.62	3,190.56	2,873.69	40.28	
六	4,032.78	3,807.69	2,051.43	5,970.81	80,632.49	5,210.83	9,046.32	
七	61.32	96,813.75	−5,230.16	4,629.03	2,741.85	8,591.04	18,327.56	
八	8,576.91	5,230.81	32,764.51	60.89	4,063.71	30,472.96	5,013.94	
九	5,604.18	7,946.02	4,759.38	1,482.53	96,571.08	61.52	−4,329.58	
十	3,725.84	4,721.35	6,091.75	85,379.04	1,742.95	5,934.71	97,586.01	
合计								

财会综合技能——账表算　练习试卷 3（中级）

班级：　　　　姓名：　　　　学号：　　　　成绩：

要求：先纵向计算，10 分/题；后横向计算，8 分/题。不得跳题，否则倒扣分，轧平数 50 分，每页总分 200 分。

序号	一	二	三	四	五	六	七	合计
一	78,253.94	4,396.07	9,715.62	1,069.43	6,052.71	8,961.02	3,754.98	
二	6,170.38	90.24	36,189.04	8,542.91	9,310.46	2,804.56	1,026.57	
三	81,062.57	8,352.16	−26.87	2,537.06	4,761.08	74,563.89	4,598.12	
四	7,489.02	67,185.23	8,560.74	9,103.54	38.52	1,437.52	−3,605.49	
五	9,537.41	9,074.82	6,475.02	70,829.45	1,974.38	4,651.07	26.08	
六	2,610.58	1,685.47	1,809.23	3,758.69	68,410.27	8,093.61	7,408.12	
七	49.01	74,691.53	−3,014.98	2,407.81	5,029.63	6,379.28	96,105.34	
八	6,354.79	3,018.69	10,542.39	46.87	2,841.59	81,250.74	3,891.72	
九	3,462.98	8,724.05	2,537.16	9,260.31	74,359.68	49.03	−2,107.36	
十	1,503.62	2,509.13	4,879.53	63,157.28	9,520.73	3,712.59	75,364.89	
合计								

财会综合技能——账表算　练习试卷 4（中级）

班级：　　　　　　　姓名：　　　　　　　学号：　　　　　　　成绩：

要求：先纵向计算，10 分/题；后横向计算，8 分/题。不得跳题，否则倒扣分，轧平数 50 分，每页总分 200 分。

序号	一	二	三	四	五	六	七	合计
一	89,364.05	5,407.18	3,826.07	2,170.54	7,163.82	9,072.13	4,865.09	
二	7,281.49	10.35	47,290.15	9,653.02	4,027.51	3,915.67	2,137.68	
三	92,173.68	9,463.27	−37.98	1,468.37	5,872.19	80,674.95	5,609.23	
四	1,590.83	78,296.34	9,671.85	4,204.65	49.63	2,548.63	−1,746.05	
五	5,648.02	1,085.93	7,586.13	86,930.51	2,085.49	1,762.58	37.19	
六	3,721.69	2,796.58	1,940.32	4,869.07	79,521.38	9,104.72	8,539.21	
七	50.21	85,702.64	−4,125.09	3,518.92	1,630.74	7,480.39	17,206.45	
八	7,065.84	4,129.07	21,603.45	57.98	3,952.06	92,361.85	4,902.83	
九	4,573.09	9,835.61	3,648.27	1,370.42	85,460.79	50.41	−3,218.47	
十	2,614.73	3,610.24	5,980.64	74,268.39	3,601.84	4,823.06	80,475.96	
合计								

财会综合技能——账表算　练习试卷 5（中级）

班级：　　　　　　姓名：　　　　　　学号：　　　　　　成绩：

要求：先纵向计算，10 分/题；后横向计算，8 分/题。不得跳题，否则倒扣分，轧平数 50 分，每页总分 200 分。

序号	一	二	三	四	五	六	七	合计
一	67,142.83	3,285.96	8,604.51	3,958.02	5,941.06	7,850.91	2,643.87	
二	5,069.27	98.13	25,078.93	7,430.81	8,205.39	1,793.45	−1,905.46	
三	70,951.46	7,241.05	−15.76	9,246.15	3,650.97	63,452.78	3,487.01	
四	9,378.61	56,074.12	7,459.63	8,092.43	27.41	4,326.01	9,524.38	
五	8,426.03	8,963.71	5,364.91	64,718.39	2,863.07	9,540.36	15.97	
六	1,509.47	3,574.06	9,720.18	2,647.58	57,309.16	7,982.05	6,317.09	
七	38.09	63,580.42	−2,903.87	1,306.79	9,418.52	5,268.17	85,094.23	
八	5,243.68	2,907.58	39,410.28	35.76	1,730.48	70,149.63	2,780.61	
九	2,351.87	7,613.49	1,426.05	8,159.02	63,248.57	38.29	−1,096.25	
十	1,402.59	1,498.02	3,768.42	52,046.17	8,419.62	2,601.48	64,253.78	
合计								

财会综合技能——账表算　练习试卷 6（中级）

班级：　　　　　　姓名：　　　　　　学号：　　　　　　成绩：

要求：先纵向计算，10 分/题；后横向计算，8 分/题。不得跳题，否则倒扣分，轧平数 50 分，每页总分 200 分。

序号	一	二	三	四	五	六	七	合计
一	56,031.72	2,174.85	7,503.49	9,847.21	4,830.59	6,740.89	1,532.76	
二	4,958.16	87.02	14,967.82	6,320.79	7,194.28	3,682.34	9,804.35	
三	69,840.35	6,130.94	−40.65	8,135.04	2,549.86	52,341.67	2,376.09	
四	8,207.56	45,963.01	6,348.52	7,981.32	16.03	9,205.31	−8,413.27	
五	7,315.29	7,850.62	4,203.85	53,607.28	9,752.16	8,439.25	60.84	
六	3,498.06	9,463.25	8,617.09	1,536.47	46,298.05	6,871.49	5,206.98	
七	27.98	52,479.31	−1,892.76	5,280.69	8,307.41	4,157.06	74,983.12	
八	4,132.57	1,896.47	98,320.17	24.65	3,629.07	69,038.52	1,679.05	
九	1,240.76	6,502.38	1,305.94	7,048.19	52,137.46	27.18	−8,905.14	
十	9,081.43	3,087.91	2,657.31	41,935.06	7,308.51	1,590.37	53,142.67	
合计								

财会综合技能——账表算　练习试卷 7（高级）

班级：　　　　　　姓名：　　　　　　学号：　　　　　　成绩：

要求：先纵向计算，10 分/题；后横向计算，8 分/题。不得跳题，否则倒扣分，轧平数 50 分，每页总分 200 分。

序号	一	二	三	四	五	六	七	合计
一	47,201.69	9,128.06	37,289.65	517,038.26	60,813.95	237,908.15	70,425.83	
二	2,895.73	73,504.28	510,347.82	92,157.03	371,529.48	40,723.69	6,174.59	
三	729,140.85	216,097.54	−4,605.19	64,038.95	84,610.27	7,145.26	415,968.32	
四	65,874.29	8,950.13	6,054.72	219,350.48	56,902.14	415,683.07	−7,283.15	
五	301,468.75	51,467.29	293,810.57	5,294.63	8,674.52	93,418.25	84,103.96	
六	5,102.39	65,803.74	76,325.94	2,018.47	476,930.85	4,589.03	301,928.57	
七	86,920.13	419,728.36	−1,029.86	81,465.79	2,579.03	51,024.76	246,713.08	
八	31,708.64	35,409.17	496,082.13	7,538.16	293,104.86	7,106.89	62,105.97	
九	5,396.48	6,528.03	31,476.85	476,829.03	61,752.03	892,610.35	50,469.73	
十	510,243.76	296,417.38	83,104.79	10,627.94	7,398.14	64,378.92	−2,904.86	
合计								

财会综合技能——账表算　练习试卷 8（高级）

班级：　　　　姓名：　　　　学号：　　　　成绩：

要求：先纵向计算，10 分/题；后横向计算，8 分/题。不得跳题，否则倒扣分，轧平数 50 分，每页总分 200 分。

序号	一	二	三	四	五	六	七	合计
一	36,190.58	8,017.95	26,178.54	406,927.15	59,702.84	126,847.09	69,314.72	
二	1,784.62	62,493.17	409,236.71	81,046.92	260,418.37	93,612.58	5,063.48	
三	618,039.74	105,386.49	−3,584.09	53,927.84	73,506.19	6,034.15	304,857.21	
四	54,763.18	7,849.02	5,943.61	108,249.37	45,891.03	304,572.96	−6,172.04	
五	290,357.64	40,356.18	182,709.46	4,183.52	7,563.41	82,307.14	73,092.85	
六	9,041.28	54,792.63	65,214.83	1,907.36	365,829.74	3,478.92	290,817.46	
七	75,819.02	308,617.25	−9,018.75	70,354.68	9,418.62	40,913.65	135,602.97	
八	20,697.53	24,398.06	385,971.02	6,427.05	182,093.75	6,085.79	51,064.89	
九	4,285.37	9,417.52	20,365.74	365,718.29	50,641.92	781,509.24	49,358.62	
十	409,132.65	185,306.27	72,093.68	90,516.83	6,287.03	53,267.81	−1,893.75	
合计								

财会综合技能——账表算 练习试卷 9（高级）

班级：　　　　　　姓名：　　　　　　学号：　　　　　　成绩：

要求：先纵向计算，10 分/题；后横向计算，8 分/题。不得跳题，否则倒扣分，轧平数 50 分，每页总分 200 分。

序号	一	二	三	四	五	六	七	合计
一	69,423.81	1,340.28	59,401.87	739,250.48	82,035.17	459,170.32	92,647.05	
二	4,017.95	95,726.04	732,569.04	14,379.25	593,741.06	26,945.81	8,396.71	
三	941,362.07	438,619.72	−6,817.32	86,250.17	46,809.32	9,367.48	637,180.54	
四	87,096.41	1,072.35	8,276.94	431,572.06	78,124.63	637,805.29	−9,405.37	
五	523,680.97	73,689.41	415,032.79	7,416.85	8,096.74	15,630.47	16,325.08	
六	2,374.51	87,025.96	98,547.16	4,230.69	698,152.07	6,701.25	523,140.79	
七	18,042.35	631,940.58	−2,341.08	13,087.96	2,741.95	73,246.98	468,905.23	
八	53,920.86	57,621.39	618,204.35	9,750.38	415,326.08	9,318.02	84,397.12	
九	7,018.65	2,740.85	53,698.07	698,041.52	83,974.25	104,832.57	72,681.95	
十	732,465.98	418,039.56	25,306.91	23,849.16	9,510.36	86,590.14	−4,126.08	
合计								

财会综合技能——账表算　练习试卷 10（高级）

班级：　　　　　姓名：　　　　　学号：　　　　　成绩：

要求：先纵向计算，10 分/题；后横向计算，8 分/题。不得跳题，否则倒扣分，轧平数 50 分，每页总分 200 分。

序号	一	二	三	四	五	六	七	合计
一	58,312.07	2,039.17	48,390.76	628,149.37	71,24.06	348,069.21	81,536.94	
二	3,906.84	84,615.39	621,458.93	30,268.14	482,630.59	15,804.73	7,205.68	
三	830,251.96	327,508.61	−5,706.21	75,149.06	95,728.31	8,256.37	526,079.43	
四	76,905.38	9,061.24	7,165.83	320,461.59	67,013.25	526,794.18	−8,394.26	
五	412,579.86	62,578.03	304,921.68	6,305.74	9,785.63	40,529.36	95,214.07	
六	1,260.43	76,914.85	87,436.05	3,129.58	587,041.96	5,690.14	412,039.68	
七	97,031.24	520,839.47	−1,230.97	92,076.85	1,630.84	62,135.87	357,824.19	
八	42,819.75	46,510.28	507,193.24	8,649.27	304,215.97	8,207.91	73,286.01	
九	6,407.59	1,639.74	42,587.96	587,930.41	72,863.14	903,721.46	61,570.84	
十	621,354.87	307,528.49	94,215.08	12,738.05	8,409.25	75,489.03	−3,015.97	
合计								

财会综合技能——票币计算　练习 1

班级：　　姓名：　　学号：　　对题：　　分数：　　用时：

序号	100 元	50 元	20 元	10 元	5 元	2 元	1 元	5 角	2 角	1 角	5 分	2 分	1 分	金额(元)
1	75	53	46	32	53	15	86	34	53	24	51	74	52	
2	43	26	25	64	21	36	21	43	25	46	74	23	17	
3	54	15	43	76	32	54	26	77	35	51	43	65	73	
4	37	63	12	32	98	65	42	45	63	16	32	43	48	
5	53	86	15	32	65	32	36	97	64	65	26	64	36	
6	43	69	86	36	32	18	54	23	26	53	31	82	25	
7	48	47	74	24	43	78	73	26	19	43	54	34	67	
8	52	25	32	17	45	26	53	56	43	32	64	16	84	
9	34	64	97	35	32	85	64	32	45	65	87	34	46	
10	65	55	42	26	65	37	25	47	32	12	32	46	32	
11	32	45	16	87	23	43	62	64	26	54	36	53	41	
12	42	47	57	47	26	62	28	52	43	32	65	61	98	
13	27	53	35	36	14	86	47	43	28	53	87	87	54	
14	64	54	87	47	49	26	41	48	29	16	43	49	76	
15	23	63	58	41	32	87	38	25	98	87	26	54	39	
16	34	24	53	46	32	53	15	86	34	53	24	51	74	
17	21	43	26	25	64	21	36	21	43	25	46	74	23	
18	65	54	15	43	76	32	54	26	77	35	51	43	65	
19	54	37	63	12	32	98	65	42	45	63	16	32	43	
20	65	53	86	15	32	65	32	36	97	64	65	26	64	

财会综合技能——票币计算　练习 2

班级：　　　姓名：　　　学号：　　　对题：　　　分数：　　　用时：

序号	100 元	50 元	20 元	10 元	5 元	2 元	1 元	5 角	2 角	1 角	5 分	2 分	1 分	金额(元)
1	35	21	69	86	36	32	18	19	23	26	53	31	82	
2	32	48	47	74	24	17	74	73	26	19	43	17	34	
3	62	52	25	32	17	45	26	53	19	43	32	64	16	
4	67	34	64	97	35	32	85	64	32	45	65	87	34	
5	43	19	55	42	26	65	37	25	47	32	12	32	46	
6	32	32	45	16	87	23	43	62	64	26	54	36	53	
7	45	42	47	57	14	26	62	28	52	43	32	65	61	
8	43	27	53	35	36	14	86	47	43	28	53	87	87	
9	47	64	12	87	47	49	26	41	48	29	16	43	49	
10	35	23	63	58	41	32	87	38	25	98	87	26	54	
11	15	86	34	51	74	52	53	15	86	34	24	24	53	
12	36	21	43	74	23	17	21	36	21	21	43	43	26	
13	54	26	77	43	65	73	32	54	26	65	54	54	15	
14	65	42	45	32	43	48	98	65	42	54	37	37	63	
15	32	36	97	26	64	36	65	32	36	65	53	53	86	
16	18	19	23	31	82	25	32	18	19	35	21	21	69	
17	74	73	26	17	34	67	17	74	73	32	48	48	47	
18	26	53	19	64	16	84	45	26	53	16	52	52	25	
19	85	64	32	87	34	46	32	85	64	31	34	34	64	
20	37	25	47	32	46	32	65	37	25	43	19	19	55	

财会综合技能——票币计算　练习 3

班级：　　姓名：　　学号：　　对题：　　分数：　　用时：

序号	100 元	50 元	20 元	10 元	5 元	2 元	1 元	5 角	2 角	1 角	5 分	2 分	1 分	金额(元)
1	43	62	64	36	53	41	23	43	62	32	32	32	45	
2	62	28	52	65	61	98	26	62	28	17	42	42	47	
3	86	47	43	87	87	54	14	86	47	43	27	27	53	
4	26	41	48	43	49	76	49	26	41	47	64	64	12	
5	87	38	25	26	54	39	32	87	38	35	23	23	63	
6	47	24	53	74	52	34	34	15	53	32	13	21	76	
7	36	43	26	23	87	43	21	36	21	43	54	54	45	
8	54	54	15	65	73	77	65	54	32	64	87	87	65	
9	65	37	63	43	48	45	54	65	98	23	43	56	32	
10	32	53	86	64	36	97	65	32	65	98	27	98	54	
11	65	43	69	82	25	23	35	18	32	65	87	34	62	
12	74	48	47	34	67	26	32	74	56	37	48	61	76	
13	26	52	25	16	84	19	16	26	45	25	98	29	23	
14	85	34	64	34	46	32	76	85	32	51	54	65	54	
15	37	19	55	46	32	47	43	37	65	48	26	48	32	
16	43	32	45	53	41	64	32	43	23	47	87	54	54	
17	62	42	47	61	80	52	17	62	26	43	51	27	65	
18	86	27	53	87	54	43	43	86	14	28	98	46	36	
19	26	64	12	49	76	48	47	26	49	71	54	43	54	
20	87	23	63	54	39	25	35	87	32	39	65	98	26	

财会综合技能——票币计算　练习 4

班级：　　　姓名：　　　学号：　　　对题：　　　分数：　　　用时：

序号	100 元	50 元	20 元	10 元	5 元	2 元	1 元	5 角	2 角	1 角	5 分	2 分	1 分	金额(元)
1	52	19	23	31	82	25	32	18	19	35	21	21	69	
2	37	45	55	46	32	47	43	37	65	48	26	48	65	
3	34	24	53	46	32	53	15	86	34	53	24	51	74	
4	23	26	64	12	49	76	48	47	26	49	71	54	43	
5	43	15	86	34	51	74	52	53	15	86	34	24	24	
6	65	27	53	87	54	43	43	86	14	28	98	46	48	
7	38	31	57	87	54	37	76	15	86	34	51	74	52	
8	32	57	26	35	39	32	38	31	57	87	54	37	51	
9	47	34	53	19	53	43	12	62	42	47	61	98	52	
10	64	43	26	32	21	32	53	86	64	36	97	65	46	
11	52	77	15	42	32	65	42	15	86	34	53	24	51	
12	43	45	63	27	98	12	36	97	64	65	26	64	36	
13	48	54	76	64	65	67	53	86	64	36	97	54	87	
14	25	23	69	23	32	32	45	16	87	23	43	62	54	
15	38	26	47	26	17	42	47	57	76	26	62	28	29	
16	87	44	63	54	39	25	35	87	32	39	65	98	69	
17	47	34	53	65	32	34	26	77	43	65	73	53	86	
18	64	43	26	32	87	51	42	45	32	43	48	47	69	
19	24	53	32	53	51	65	36	97	26	64	36	48	47	
20	43	26	64	21	36	54	19	23	31	82	25	52	25	

财会综合技能——票币计算　练习 5

班级：　　姓名：　　学号：　　对题：　　分数：　　用时：

序号	100 元	50 元	20 元	10 元	5 元	2 元	1 元	5 角	2 角	1 角	5 分	2 分	1 分	金额(元)
1	54	15	76	32	54	65	73	26	25	34	67	34	64	
2	37	63	32	98	65	35	53	19	64	16	84	19	55	
3	53	86	65	65	32	32	64	32	87	34	46	32	45	
4	62	69	36	32	18	48	42	47	32	46	32	42	47	
5	48	47	24	32	74	68	83	55	42	26	65	37	25	
6	52	25	56	45	26	32	32	45	16	87	23	43	62	
7	34	64	35	32	85	64	32	98	48	34	24	53	46	
8	65	55	26	65	37	52	32	65	24	23	26	64	12	
9	32	45	87	23	43	86	36	32	43	43	47	86	34	
10	42	47	56	26	62	74	24	78	54	86	27	53	87	
11	23	65	91	23	31	41	64	32	43	32	53	87	23	
12	24	74	73	26	56	98	52	32	62	49	76	47	34	
13	26	26	53	19	64	54	43	43	86	51	74	64	43	
14	15	43	64	32	87	76	48	47	26	54	43	24	53	
15	27	37	25	47	32	39	25	35	87	54	37	43	26	
16	31	43	62	64	36	32	76	31	57	39	32	54	15	
17	57	62	28	52	65	26	64	87	49	53	43	37	63	
18	53	86	47	43	87	45	86	34	51	21	32	47	64	
19	43	26	41	48	43	27	53	87	54	32	65	35	23	
20	76	87	38	25	26	56	87	87	54	37	51	31	26	

财会综合技能——票币计算　练习 6

班级：　　姓名：　　学号：　　对题：　　分数：　　用时：

序号	100 元	50 元	20 元	10 元	5 元	2 元	1 元	5 角	2 角	1 角	5 分	2 分	1 分	金额(元)
1	34	24	53	46	32	57	26	35	39	32	38	25	32	
2	21	43	26	25	64	34	53	19	53	43	12	62	54	
3	65	54	35	43	76	43	26	32	21	76	53	28	32	
4	54	37	63	54	32	77	68	42	32	65	42	47	87	
5	65	53	86	15	45	45	63	27	98	65	36	41	31	
6	35	21	69	86	36	97	86	64	65	32	53	38	36	
7	32	48	47	74	98	32	46	32	65	37	25	43	62	
8	67	52	25	32	17	36	53	41	23	43	62	53	46	
9	37	34	64	97	35	65	61	98	26	62	28	64	12	
10	43	19	55	42	26	87	87	54	14	86	47	86	34	
11	42	45	63	21	36	54	23	32	36	64	32	43	71	
12	54	97	64	32	54	65	34	18	19	52	17	62	64	
13	19	23	26	98	65	35	43	74	73	82	43	86	87	
14	73	26	19	65	75	32	53	26	53	48	47	26	32	
15	53	45	43	32	18	16	26	85	64	25	35	87	36	
16	64	32	45	32	74	68	15	37	25	38	31	57	65	
17	65	47	32	45	26	76	63	43	62	65	19	55	87	
18	43	64	26	35	32	85	64	62	28	48	32	45	43	
19	28	52	43	26	65	37	23	86	47	24	42	47	26	
20	47	43	28	87	23	43	26	26	41	43	27	53	54	

财会综合技能——票币计算　练习 7

班级：　　姓名：　　学号：　　对题：　　分数：　　用时：

序号	100 元	50 元	20 元	10 元	5 元	2 元	1 元	5 角	2 角	1 角	5 分	2 分	1 分	金额(元)
1	41	48	29	35	26	62	32	41	57	54	64	12	37	
2	38	25	98	36	47	86	54	17	45	37	23	63	18	
3	65	73	52	47	49	26	97	35	32	53	26	53	19	
4	55	34	34	64	26	45	52	98	29	32	85	64	32	
5	43	19	91	55	85	32	51	54	65	65	37	25	47	
6	32	32	32	45	37	65	48	26	48	23	43	62	64	
7	65	42	42	47	43	23	47	87	54	26	62	28	52	
8	43	27	27	53	62	26	43	51	27	14	86	47	43	
9	47	64	64	12	86	76	28	98	46	49	26	41	48	
10	35	54	76	63	36	87	58	38	41	32	87	38	25	
11	54	54	74	68	51	37	25	24	36	97	64	65	26	
12	32	45	26	32	63	53	62	32	53	86	64	36	97	
13	26	35	32	85	64	62	28	32	45	31	87	23	43	
14	43	26	65	37	23	86	47	42	47	57	47	26	62	
15	87	87	23	43	26	26	41	97	65	32	65	98	27	
16	29	94	26	62	32	41	28	32	53	46	86	34	53	
17	45	36	62	86	54	65	45	54	37	63	87	43	65	
18	52	47	49	26	97	35	32	65	53	86	41	62	32	
19	26	32	74	49	37	86	34	35	21	69	86	86	74	
20	94	79	26	45	25	64	65	33	48	47	74	26	74	

财会综合技能——票币计算 练习 8

班级： 姓名： 学号： 对题： 分数： 用时：

序号	100 元	50 元	20 元	10 元	5 元	2 元	1 元	5 角	2 角	1 角	5 分	2 分	1 分	金额(元)
1	32	56	85	32	51	64	36	16	52	25	32	87	26	
2	47	43	37	65	48	87	23	37	34	64	97	57	85	
3	64	32	43	23	47	76	26	26	25	64	34	49	37	
4	52	54	62	26	43	65	54	62	43	76	43	26	43	
5	31	82	25	32	56	54	37	63	45	32	77	32	62	
6	77	32	45	43	84	65	53	86	67	32	45	63	86	
7	46	32	53	66	24	35	21	69	86	36	97	86	26	
8	34	24	53	46	32	98	15	86	34	65	19	52	65	
9	23	54	64	12	49	76	48	47	43	74	73	82	86	
10	43	65	86	34	51	74	52	87	53	26	78	48	23	
11	48	52	32	87	32	56	85	32	51	64	76	71	74	
12	65	87	21	55	47	43	37	65	48	87	32	45	26	
13	62	31	57	87	54	37	51	31	26	75	32	35	32	
14	32	57	26	35	39	32	38	25	32	34	36	26	65	
15	54	87	23	75	58	53	76	36	97	64	32	87	23	
16	64	35	21	69	86	36	97	86	23	26	98	14	26	
17	27	32	48	47	74	24	32	46	26	19	65	36	14	
18	54	16	52	25	32	56	36	53	19	43	32	47	49	
19	25	64	34	26	32	74	65	64	32	45	28	32	74	
20	43	76	43	19	16	26	80	25	47	32	45	34	26	

财会综合技能——票币计算　练习 9

班级：　　姓名：　　学号：　　对题：　　分数：　　用时：

序号	100 元	50 元	20 元	10 元	5 元	2 元	1 元	5 角	2 角	1 角	5 分	2 分	1 分	金额(元)
1	22	32	77	32	56	85	63	62	64	26	35	56	85	
2	34	24	53	46	32	98	65	86	34	65	19	52	65	
3	31	32	64	64	32	43	56	47	43	28	87	32	43	
4	85	64	62	28	32	30	54	41	48	29	41	87	94	
5	37	23	86	47	42	36	54	23	47	74	24	32	46	
6	57	82	42	45	25	32	15	43	91	19	32	74	68	
7	46	32	36	97	47	43	62	32	32	32	49	26	32	
8	49	32	45	23	53	32	57	54	42	42	51	32	85	
9	42	49	73	26	76	48	43	76	43	26	54	65	37	
10	43	51	53	19	74	52	32	32	77	51	54	23	43	
11	87	54	64	32	43	43	15	32	45	63	39	26	62	
12	87	54	25	47	37	51	86	36	97	86	53	41	86	
13	35	39	62	64	32	38	62	26	26	64	21	49	26	
14	35	53	28	52	43	35	25	32	85	87	32	74	71	
15	32	21	47	43	32	53	47	43	37	54	26	26	45	
16	42	32	41	48	65	42	53	32	43	65	98	85	32	
17	27	98	38	25	21	36	53	46	30	86	34	37	65	
18	64	65	61	73	32	53	64	21	36	21	43	43	23	
19	23	32	25	34	32	45	18	91	76	51	62	62	26	
20	26	58	43	19	42	47	37	65	32	86	86	25	32	

财会综合技能——票币计算　练习 10

班级：　　姓名：　　学号：　　对题：　　分数：　　用时：

序号	100 元	50 元	20 元	10 元	5 元	2 元	1 元	5 角	2 角	1 角	5 分	2 分	1 分	金额(元)
1	54	45	32	32	97	65	86	34	43	74	26	47	43	
2	53	32	17	42	32	53	47	26	36	32	87	53	15	
3	65	73	43	27	77	65	32	48	47	97	57	53	46	
4	54	39	47	64	25	35	16	52	25	34	49	64	12	
5	39	32	35	23	38	31	37	34	64	47	74	86	34	
6	64	32	45	17	74	68	15	37	25	38	31	57	65	
7	25	47	32	45	26	32	63	43	62	65	19	55	87	
8	62	64	26	35	32	85	64	62	28	48	32	45	43	
9	43	45	63	27	98	12	36	97	64	65	26	64	36	
10	48	97	86	64	65	32	53	86	64	36	97	54	87	
11	82	51	57	53	47	62	26	43	65	54	65	53	32	
12	34	65	25	64	82	25	32	56	54	37	63	32	43	
13	43	57	43	76	32	47	43	84	65	53	86	51	65	
14	53	43	24	32	53	86	43	53	62	26	63	26	48	
15	26	23	51	38	21	69	54	12	86	41	64	91	52	
16	65	64	31	45	48	47	37	34	32	45	84	32	43	
17	63	86	85	64	52	25	53	19	42	47	37	56	51	
18	64	62	37	23	34	64	21	47	43	28	87	64	38	
19	32	25	43	26	25	64	35	41	48	29	34	52	59	
20	26	47	62	32	61	32	32	38	25	98	36	43	53	

财会综合技能——票币计算　练习 11

班级：　　姓名：　　学号：　　对题：　　分数：　　用时：

序号	100 元	50 元	20 元	10 元	5 元	2 元	1 元	5 角	2 角	1 角	5 分	2 分	1 分	金额(元)
1	34	52	21	78	19	27	69	26	54	64	28	85	71	
2	92	51	63	26	25	35	58	82	61	14	16	24	42	
3	61	49	38	78	42	56	92	31	92	39	61	35	53	
4	45	13	54	23	98	63	81	93	27	38	94	67	12	
5	31	58	43	49	24	13	97	34	48	65	21	83	38	
6	98	67	68	39	58	87	89	78	86	14	17	91	63	
7	12	41	87	36	76	26	67	46	18	51	56	76	17	
8	38	67	75	71	85	65	59	49	42	48	47	46	59	
9	92	56	57	43	91	53	39	51	45	42	34	85	14	
10	97	82	42	35	93	89	76	74	65	73	41	39	36	
11	13	24	16	64	74	45	81	69	86	91	62	73	94	
12	85	56	87	35	69	15	48	73	93	25	45	46	35	
13	56	74	98	97	52	57	79	45	39	86	91	28	46	
14	67	39	35	24	45	28	86	84	58	32	25	92	97	
15	93	47	67	36	39	76	68	16	79	59	17	81	58	
16	59	68	85	67	57	92	65	21	34	49	27	58	64	
17	67	53	64	19	67	29	27	18	69	42	67	29	13	
18	49	19	32	16	62	98	67	25	37	19	91	22	61	
19	61	25	31	28	68	61	26	37	16	94	76	69	34	
20	78	57	45	25	35	67	85	78	74	31	96	56	87	

财会综合技能——票币计算　练习 12

班级：　　姓名：　　学号：　　对题：　　分数：　　用时：

序号	100 元	50 元	20 元	10 元	5 元	2 元	1 元	5 角	2 角	1 角	5 分	2 分	1 分	金额(元)
1	15	62	23	12	14	45	31	69	39	52	34	31	17	
2	98	43	12	58	42	67	15	52	54	32	51	48	95	
3	51	54	78	23	93	72	79	46	63	98	29	15	34	
4	23	38	98	18	37	89	47	73	78	25	54	28	26	
5	85	75	53	46	79	97	82	64	36	27	92	25	14	
6	87	51	74	19	97	86	42	96	72	49	34	53	39	
7	89	53	36	24	47	34	69	18	48	28	51	38	14	
8	52	86	31	84	18	73	37	25	92	54	76	26	28	
9	58	73	96	62	41	94	84	36	75	36	98	67	53	
10	69	96	21	39	35	41	93	47	86	97	67	79	87	
11	13	21	34	84	69	32	18	89	47	49	64	14	97	
12	25	19	28	17	36	29	21	26	53	74	13	41	58	
13	37	89	87	54	67	72	38	98	12	85	64	53	47	
14	93	28	74	65	53	18	46	15	37	24	54	82	79	
15	56	24	92	29	41	73	37	34	14	32	42	79	87	
16	23	95	68	24	49	15	17	37	39	42	92	65	74	
17	57	85	78	69	67	12	15	36	37	81	72	29	45	
18	14	74	24	35	86	95	75	14	85	36	28	42	75	
19	75	48	68	97	25	24	18	74	36	95	74	56	78	
20	85	74	15	65	86	29	27	78	48	47	19	38	97	

财会综合技能——票币计算　练习 13

班级：　　姓名：　　学号：　　对题：　　分数：　　用时：

序号	100 元	50 元	20 元	10 元	5 元	2 元	1 元	5 角	2 角	1 角	5 分	2 分	1 分	金额(元)
1	34	31	17	14	45	85	71	34	52	21	78	19	27	
2	51	48	95	42	67	24	42	92	51	63	26	25	35	
3	29	15	34	93	72	35	53	61	49	38	78	42	56	
4	54	28	26	37	89	67	12	45	13	54	23	98	63	
5	92	25	14	79	97	83	38	31	58	43	49	24	13	
6	34	53	39	97	86	91	63	98	67	68	39	58	87	
7	51	38	14	47	34	76	17	12	41	87	36	76	26	
8	76	26	28	18	73	46	59	38	67	75	71	85	65	
9	98	67	53	41	94	85	14	92	56	57	43	91	53	
10	67	79	87	35	41	39	36	97	82	42	35	93	89	
11	64	14	97	69	32	73	94	13	24	16	64	74	45	
12	13	41	58	36	29	46	34	85	56	87	35	69	15	
13	64	53	47	67	72	28	46	56	74	98	97	52	57	
14	54	82	79	53	18	92	97	67	39	35	24	45	28	
15	42	79	87	41	73	81	58	93	47	67	36	39	76	
16	79	68	49	68	75	28	27	49	68	19	97	39	94	
17	97	95	86	71	14	16	84	37	59	47	38	34	29	
18	74	18	42	53	38	48	75	52	43	36	49	68	17	
19	43	78	67	32	15	23	35	72	28	18	67	49	75	
20	78	61	18	42	32	19	38	49	68	75	25	18	76	

财会综合技能——票币计算　练习 14

班级：　　　姓名：　　　学号：　　　对题：　　　分数：　　　用时：

序号	100 元	50 元	20 元	10 元	5 元	2 元	1 元	5 角	2 角	1 角	5 分	2 分	1 分	金额(元)
1	69	26	54	64	28	85	15	62	23	12	39	52	69	
2	58	82	61	14	16	23	98	43	12	58	54	32	52	
3	92	31	92	39	61	51	51	54	78	23	63	98	46	
4	81	93	27	38	94	25	23	38	98	18	78	25	73	
5	97	34	48	65	21	62	85	75	53	46	36	27	64	
6	89	78	86	14	17	38	87	51	74	19	72	49	96	
7	67	46	18	51	56	16	89	53	36	24	48	28	18	
8	59	49	42	48	47	72	52	86	31	84	92	54	25	
9	39	51	45	42	34	86	58	73	96	62	75	36	36	
10	76	74	65	73	41	91	69	96	21	39	86	97	47	
11	81	69	86	91	62	32	13	21	34	84	47	49	89	
12	48	73	93	25	45	48	25	19	28	17	53	74	26	
13	79	45	39	86	91	63	37	89	87	54	12	85	98	
14	86	84	58	32	25	97	93	28	74	65	37	24	15	
15	68	96	79	59	17	14	56	24	92	29	14	32	34	
16	75	68	93	23	63	49	75	81	27	49	36	86	84	
17	17	45	79	68	59	38	29	62	18	94	68	79	29	
18	85	27	14	95	26	49	28	53	68	49	52	45	12	
19	23	86	45	97	16	35	18	89	97	26	86	58	42	
20	86	39	49	87	75	68	67	14	38	34	76	62	91	

财会综合技能——票币计算　练习 15

班级：　　姓名：　　学号：　　对题：　　分数：　　用时：

序号	100 元	50 元	20 元	10 元	5 元	2 元	1 元	5 角	2 角	1 角	5 分	2 分	1 分	金额(元)
1	49	42	48	47	46	59	69	73	93	25	45	46	34	
2	51	45	42	34	85	14	58	45	39	86	91	28	46	
3	74	65	73	41	39	36	92	84	58	32	25	92	97	
4	69	86	91	62	73	94	81	38	67	75	71	85	65	
5	26	54	64	28	85	71	97	92	56	57	43	91	53	
6	82	61	14	16	24	42	89	97	82	42	35	93	89	
7	31	92	39	61	35	38	14	47	34	38	13	74	45	
8	93	27	38	94	67	26	28	18	73	26	28	69	15	
9	34	48	65	21	83	67	53	41	94	67	53	52	57	
10	78	86	14	17	91	79	87	35	41	79	87	45	28	
11	46	18	51	56	76	14	97	69	32	14	97	98	63	
12	36	26	47	34	34	38	15	47	34	38	14	24	13	
13	31	84	18	73	51	48	79	98	67	68	39	58	87	
14	96	62	41	94	29	15	86	12	41	87	36	76	26	
15	21	39	35	45	54	28	68	96	79	59	17	81	58	
16	58	39	24	98	68	75	35	16	96	49	43	86	35	
17	49	68	75	21	42	34	85	97	32	68	58	26	47	
18	75	85	68	48	57	24	16	38	69	75	68	34	25	
19	96	12	57	49	24	17	28	34	76	52	15	23	68	
20	36	26	86	74	15	24	16	96	89	93	24	58	85	

财会综合技能——票币计算　练习 16

班级：　　　姓名：　　　学号：　　　对题：　　　分数：　　　用时：

序号	100 元	50 元	20 元	10 元	5 元	2 元	1 元	5 角	2 角	1 角	5 分	2 分	1 分	金额(元)
1	15	62	23	12	14	45	31	69	39	52	31	84	17	
2	98	43	12	58	42	67	15	52	54	32	96	62	95	
3	51	54	78	23	93	72	79	46	63	98	21	39	34	
4	23	38	98	18	37	89	47	73	78	25	34	84	26	
5	85	75	53	46	79	97	82	64	36	27	28	17	14	
6	87	51	74	19	97	86	42	96	72	49	34	53	39	
7	89	53	36	24	47	34	69	18	48	28	51	38	14	
8	52	86	37	34	18	73	37	25	92	54	76	26	28	
9	58	73	19	29	41	94	84	36	75	36	98	67	53	
10	69	96	52	74	35	41	93	47	86	97	67	79	87	
11	13	21	57	46	69	32	18	89	47	49	64	14	97	
12	25	19	39	29	36	29	21	26	53	74	13	41	58	
13	37	89	87	54	67	72	38	98	12	85	64	53	47	
14	93	28	74	65	53	18	46	15	37	24	54	82	79	
15	56	24	92	29	41	73	37	34	14	32	42	79	87	
16	32	52	42	36	86	32	15	24	19	28	74	68	47	
17	85	68	74	15	24	75	36	96	83	12	25	24	15	
18	31	86	48	72	14	37	29	86	14	72	37	49	62	
19	95	34	74	15	42	78	96	19	36	39	25	24	18	
20	75	82	94	25	17	21	48	14	24	26	85	35	47	

财会综合技能——票币计算　练习 17

班级：　姓名：　学号：　对题：　分数：　用时：

序号	100 元	50 元	20 元	10 元	5 元	2 元	1 元	5 角	2 角	1 角	5 分	2 分	1 分	金额(元)
1	68	47	85	23	31	76	53	97	14	29	32	65	82	
2	53	92	62	48	25	82	61	16	43	84	78	31	67	
3	75	83	25	33	85	61	42	79	52	35	92	46	13	
4	61	58	16	67	24	39	25	82	37	62	43	79	82	
5	17	81	58	47	69	75	79	21	83	92	53	25	38	
6	23	67	36	81	18	63	26	36	47	18	66	82	53	
7	15	93	41	93	21	27	32	58	61	24	86	53	74	
8	87	15	57	31	63	79	86	25	47	72	14	96	73	
9	91	52	41	51	81	45	17	75	63	86	28	52	34	
10	32	63	42	75	96	58	24	46	92	77	64	39	17	
11	73	49	86	14	63	34	82	36	21	19	52	62	41	
12	32	85	29	57	42	71	25	31	42	34	46	93	63	
13	75	61	71	46	36	96	47	28	51	72	34	54	15	
14	46	17	96	39	67	13	24	45	86	26	59	87	78	
15	12	81	52	26	92	27	68	46	24	85	94	53	39	
16	63	15	21	13	45	82	##	76	47	19	64	81	62	
17	81	94	47	52	83	26	85	32	73	23	14	45	29	
18	15	36	67	34	52	31	24	85	32	27	49	67	23	
19	23	63	38	82	75	46	91	15	48	54	21	18	49	
20	37	18	95	56	43	28	82	64	39	97	76	25	68	

财会综合技能——票币计算　练习 18

班级：　　姓名：　　学号：　　对题：　　分数：　　用时：

序号	100 元	50 元	20 元	10 元	5 元	2 元	1 元	5 角	2 角	1 角	5 分	2 分	1 分	金额(元)
1	27	83	32	87	19	54	35	34	47	65	43	78	54	
2	59	64	75	12	45	67	43	84	23	42	54	36	65	
3	42	57	68	57	61	35	17	53	69	73	81	24	48	
4	81	45	21	23	41	15	78	69	34	42	56	73	13	
5	76	28	65	53	76	23	51	32	45	54	37	12	67	
6	54	43	28	19	26	72	48	57	87	93	62	48	16	
7	42	81	52	26	94	34	63	23	36	47	18	76	42	
8	36	46	15	95	39	76	24	85	58	61	34	68	53	
9	51	85	23	37	42	36	65	19	75	86	62	28	34	
10	23	64	92	46	71	24	58	35	63	14	73	86	32	
11	39	23	47	75	96	57	34	82	36	21	19	52	67	
12	73	19	75	52	81	56	71	25	31	42	32	46	23	
13	15	87	47	31	63	21	96	47	25	51	72	34	54	
14	41	15	31	93	24	59	13	24	54	87	62	36	95	
15	26	67	37	81	18	42	27	68	46	24	85	92	53	
16	47	38	69	58	47	75	12	79	21	92	53	73	25	
17	72	52	58	67	24	37	96	25	47	65	79	61	37	
18	13	61	46	75	52	35	92	46	85	31	65	23	39	
19	74	53	92	32	48	25	84	61	17	82	58	31	67	
20	26	58	41	23	31	76	53	93	18	29	32	65	79	

财会综合技能——票币计算　练习 19

班级：　　　姓名：　　　学号：　　　对题：　　　分数：　　　用时：

序号	100 元	50 元	20 元	10 元	5 元	2 元	1 元	5 角	2 角	1 角	5 分	2 分	1 分	金额(元)
1	81	27	43	26	78	12	56	38	84	57	29	46	65	
2	27	63	35	38	27	19	47	81	26	72	47	25	57	
3	46	13	32	59	25	48	64	26	87	29	32	75	26	
4	65	84	51	16	73	35	18	47	54	32	64	73	91	
5	74	37	83	54	68	19	27	65	53	92	35	26	42	
6	39	82	27	34	57	72	54	62	45	46	73	38	96	
7	78	29	45	84	12	53	28	81	62	82	27	74	35	
8	42	35	64	58	51	28	73	75	94	19	31	54	63	
9	96	87	48	21	53	91	46	53	16	67	32	29	84	
10	13	61	78	38	45	57	19	46	27	74	85	62	31	
11	64	37	13	47	78	84	23	94	59	36	12	74	27	
12	25	56	97	85	39	65	72	28	43	56	45	18	73	
13	87	69	32	64	16	34	59	92	28	35	64	23	35	
14	43	78	75	52	64	23	55	87	45	31	63	15	98	
15	18	71	42	58	27	19	43	75	84	78	67	32	64	
16	72	46	34	95	81	67	58	24	78	15	43	35	27	
17	49	31	56	35	68	94	13	48	27	59	36	71	62	
18	63	42	37	18	57	29	92	79	82	74	39	28	54	
19	29	83	26	37	48	55	72	34	67	85	25	43	18	
20	57	48	51	28	63	76	39	13	35	59	76	14	64	

财会综合技能——票币计算　练习 20

班级：　　姓名：　　学号：　　对题：　　分数：　　用时：

序号	100 元	50 元	20 元	10 元	5 元	2 元	1 元	5 角	2 角	1 角	5 分	2 分	1 分	金额(元)
1	81	47	65	23	51	76	54	93	14	29	32	65	82	
2	63	92	37	48	25	82	61	18	43	84	75	31	67	
3	75	23	65	53	84	61	42	79	52	35	92	46	13	
4	31	58	16	82	29	37	25	82	37	69	43	79	82	
5	97	35	58	47	69	75	79	21	83	42	53	25	38	
6	23	67	34	81	18	63	26	38	47	18	67	82	53	
7	59	41	81	93	21	87	32	56	61	24	86	53	74	
8	87	25	57	31	63	79	86	25	57	42	14	16	73	
9	91	17	41	53	81	45	37	69	63	86	28	52	34	
10	32	53	42	75	56	58	24	46	92	37	64	39	17	
11	73	69	86	14	63	34	82	37	21	91	52	62	41	
12	62	85	29	57	82	71	25	61	42	34	46	93	63	
13	25	71	83	46	35	96	47	28	51	72	34	62	15	
14	46	37	96	39	67	13	24	45	86	26	59	87	78	
15	52	81	52	26	92	27	68	49	24	85	94	53	39	
16	63	15	96	13	45	82	45	76	47	19	65	81	62	
17	81	94	47	52	83	26	86	32	73	23	14	45	29	
18	45	36	65	34	52	31	24	85	32	27	49	68	23	
19	23	63	38	82	75	86	91	15	48	54	21	17	49	
20	37	89	95	56	43	28	82	64	39	97	76	25	68	

财会综合技能——票币计算　练习 21

班级：　　姓名：　　学号：　　对题：　　分数：　　用时：

序号	100 元	50 元	20 元	10 元	5 元	2 元	1 元	5 角	2 角	1 角	5 分	2 分	1 分	金额(元)
1	23	75	27	23	35	19	41	29	65	52	61	39	81	
2	57	61	59	45	89	37	54	49	59	31	47	31	65	
3	38	57	53	34	64	77	89	91	49	52	35	67	46	
4	64	39	48	61	39	59	75	37	29	95	49	97	65	
5	26	43	37	22	33	75	56	31	53	75	65	29	87	
6	62	77	28	49	38	26	57	59	67	44	32	17	29	
7	89	21	17	44	21	51	33	51	69	42	57	69	57	
8	31	81	79	58	75	84	74	69	57	22	43	76	46	
9	28	59	81	56	99	61	57	33	24	56	69	79	25	
10	23	67	58	55	37	58	48	49	79	67	87	47	28	
11	27	19	55	74	69	57	37	46	19	36	59	61	59	
12	35	49	83	59	79	38	56	83	76	44	37	45	85	
13	37	79	59	42	29	89	59	79	89	49	79	91	46	
14	46	55	63	46	56	86	16	86	77	56	77	87	96	
15	25	34	29	16	61	68	45	55	63	28	39	99	58	
16	28	42	55	37	26	48	54	36	48	26	55	27	79	
17	76	25	46	28	55	62	33	49	52	46	35	62	89	
18	26	53	64	81	77	95	28	37	29	53	65	58	71	
19	63	86	79	42	33	25	44	65	72	48	59	47	97	
20	66	54	49	26	59	81	38	29	46	58	65	71	64	

财会综合技能——票币计算　练习 22

班级：　　　姓名：　　　学号：　　　对题：　　　分数：　　　用时：

序号	100 元	50 元	20 元	10 元	5 元	2 元	1 元	5 角	2 角	1 角	5 分	2 分	1 分	金额(元)
1	65	72	24	32	84	45	36	62	39	51	37	33	19	
2	91	43	62	58	42	67	18	55	54	32	54	48	95	
3	57	58	76	23	93	72	77	46	63	91	29	45	34	
4	37	42	98	18	37	55	47	73	78	25	54	77	26	
5	85	23	53	46	66	97	82	64	36	27	92	25	14	
6	87	33	74	19	97	76	42	96	72	28	34	53	39	
7	89	53	36	52	47	34	69	18	48	63	51	38	14	
8	57	86	31	84	18	73	37	25	92	54	76	26	28	
9	58	26	96	62	41	36	84	36	75	36	98	67	53	
10	82	96	44	39	35	41	93	47	86	97	67	79	87	
11	22	21	83	84	69	32	18	89	47	49	64	14	97	
12	76	19	28	17	36	29	83	26	53	74	13	41	58	
13	37	89	87	54	67	72	29	98	36	85	64	53	47	
14	93	56	74	65	53	18	46	15	37	62	54	82	79	
15	56	63	92	29	41	73	37	34	14	32	42	79	87	
16	46	59	68	24	49	15	17	37	39	42	92	65	26	
17	53	85	78	69	67	12	15	36	37	81	72	29	45	
18	29	74	24	35	86	95	75	14	85	36	28	42	75	
19	49	48	68	97	25	24	18	74	36	95	74	48	59	
20	47	26	33	65	86	29	27	78	48	47	19	26	97	

珠算乘法　普通五级练习题 1

班级：　　　　　　　　姓名：　　　　　　　　学号：　　　　　　　　成绩：

要求保留两位小数，以下四舍五入。

1	647×32=	21	0.41×2.05=
2	1.09×6.58=	22	296×13=
3	42×579=	23	16×324=
4	506×41=	24	604×89=
5	75×836=	25	0.57×4.08=
6	928×71=	26	759×61=
7	23×1,098=	27	93×5,847=
8	0.19×4.03=	28	450×971=
9	3,408×27=	29	8,032×75=
10	865×902=	30	378×206=
11	49×806=	31	53×149=
12	0.56×7.09=	32	356×28=
13	21×458=	33	6.27×5.34=
14	726×65=	34	136×90=
15	9.51×0.37=	35	81×605=
16	637×81=	36	902×48=
17	16×5,234=	37	59×8,067=
18	820×931=	38	208×375=
19	3,705×24=	39	7,084×12=
20	408×129=	40	0.49×7.61=

珠算乘法　普通五级练习题 2

班级：　　　　姓名：　　　　学号：　　　　成绩：

要求保留两位小数，以下四舍五入。

1	31×206=	21	41×978=
2	849×70=	22	0.31×29.07=
3	74×592=	23	92×451=
4	205×47=	24	246×35=
5	45×301=	25	49×106=
6	9.76×0.23=	26	867×52=
7	52×6,198=	27	7.05×0.98=
8	102×856=	28	650×831=
9	3,068×14=	29	5,038×74=
10	6.38×9.75=	30	123×640=
11	39×105=	31	19×308=
12	516×83=	32	324×57=
13	94×502=	33	0.61×9.07=
14	3.17×9.02=	34	589×12=
15	73×685=	35	27×314=
16	469×17=	36	783×64=
17	20×3,718=	37	0.46×85.19=
18	845×296=	38	902×738=
19	6,082×74=	39	8,506×29=
20	1.02×0.46=	40	157×406=

珠算除法　普通五级练习题 1

班级：　　　　　　　姓名：　　　　　　　学号：　　　　　　　成绩：

要求保留两位小数，以下四舍五入。

1	6,675÷75＝	21	43,648÷704＝
2	15,580÷205＝	22	8,245÷85＝
3	1,118÷86＝	23	608÷16＝
4	77.5998÷19＝	24	5,243÷49＝
5	10,925÷437＝	25	12,744÷236＝
6	1,612÷31＝	26	1,173÷51＝
7	27,403÷409＝	27	4.530,2÷0.64＝
8	5.1149÷0.52＝	28	7,820÷92＝
9	2,077÷67＝	29	62.6817÷37＝
10	39,788÷98＝	30	39,445÷805＝
11	28,152÷306＝	31	20,815÷905＝
12	8,178÷94＝	32	66,528÷84＝
13	1,312÷82＝	33	816÷12＝
14	86.5987÷17＝	34	60.5511÷57＝
15	19,176÷564＝	35	1,620÷36＝
16	2.6515÷0.61＝	36	15,012÷417＝
17	14,732÷508＝	37	2.2697÷0.25＝
18	3,354÷43＝	38	6,132÷73＝
19	1,769÷29＝	39	828÷69＝
20	39,234÷78＝	40	46,113÷809＝

珠算除法　普通五级练习题 2

班级：　　　　姓名：　　　　学号：　　　　成绩：

要求保留两位小数，以下四舍五入。

1	6,764÷76=	21	16,308÷604=
2	406.4445÷45=	22	8,265÷95=
3	3,588÷276=	23	68.1156÷36=
4	6,720÷64=	24	37,146÷906=
5	1,976÷52=	25	1,272÷53=
6	3.7969÷0.81=	26	1,113÷21=
7	2,325÷93=	27	4.4611÷0.74=
8	53,734÷802=	28	7,790÷82=
9	1,026÷19=	29	6,408÷178=
10	21,888÷304=	30	43,440÷48=
11	35,518÷59=	31	8,073÷207=
12	3,567÷87=	32	7,252÷74=
13	4,284÷357=	33	504.8784÷62=
14	398.1936÷98=	34	10,635÷709=
15	1,898÷73=	35	2,438÷46=
16	3.2554÷0.61=	36	2.1947÷0.31=
17	18,245÷205=	37	4,370÷95=
18	1,702÷46=	38	6,142÷83=
19	9,785÷103=	39	12,090÷195=
20	1,872÷24=	40	11,948÷58=

全国珠算技术等级鉴定　普通五级　综合练习试卷 1

班级：　　　　姓名：　　　　学号：　　　　成绩：

一、加减算

一	二	三	四	五
2,790	674	4,250	9,036	8,731
431	392	609	−790	−453
657	8,051	713	7,162	695
802	795	3,409	−570	−274
983	9,243	540	465	4,387
7,015	681	217	5,097	905
164	168	4,189	841	387
389	305	752	386	6,542
560	271	8,035	612	190
408	423	684	389	561
7,256	5,061	239	−428	−893
543	874	1,765	147	761
9,406	9,367	832	−9,682	−5,026
283	520	986	250	204
1,972	1,849	317	−1,543	−1,897

六	七	八	九	十
4,289	792	938	421	580
130	4,053	2,716	3,274	469
205	618	401	−806	1,354
987	506	795	8,047	−702
834	4,083	542	108	8,071
561	718	630	−1,795	−947
706	1,824	8,145	934	751
6,857	367	728	−612	680
320	905	6,593	735	3,592
9,432	672	106	940	273
561	251	2,879	681	−4,916
8,017	8,493	403	−5,738	269
329	160	5,291	569	−385
2,465	324	374	−234	803
194	8,975	960	2,069	−1,256

二、乘算

要求保留两位小数，以下四舍五入。

一	76×1,205=
二	3,501×84=
三	708×913=
四	0.49×0.608=
五	506×24=
六	0.124×0.75=
七	852×31=
八	93×708=
九	67×439=
十	294×576=

三、除算

要求保留两位小数，以下四舍五入。

一	17.58÷64=
二	108.44÷12=
三	26,878÷89=
四	17,458÷301=
五	30,780÷405=
六	13,248÷207=
七	12,192÷96=
八	2,759÷31=
九	754÷58=
十	3,510÷78=

全国珠算技术等级鉴定　普通五级　综合练习试卷 2

班级：　　　　姓名：　　　　学号：　　　　成绩：

一、加减算

一	二	三	四	五
312	583	9,643	3,914	4,072
609	1,048	586	−796	−389
745	129	237	827	146
8,073	478	1,920	−609	−2,843
496	360	891	4,053	381
158	5,182	6,175	834	201
247	603	480	431	8,470
926	754	832	906	923
5,310	297	657	718	651
843	901	540	2,085	726
9,021	8,356	721	−524	−609
756	697	9,438	962	9,540
2,670	4,850	194	−3,187	−157
395	341	270	506	583
4,821	7,296	3,657	−1,250	−7,465

六	七	八	九	十
954	689	586	9,015	4,873
687	4,762	102	−364	−795
3,295	281	793	876	528
589	970	428	7,501	7,014
163	4,305	305	−170	−560
8,039	153	614	683	978
710	829	9,730	−819	453
489	1,057	147	504	6,120
267	391	2,896	1,267	269
324	560	528	654	176
5,670	672	4,630	389	−893
813	7,140	719	−7,023	340
9,521	234	6,942	241	−1,204
760	958	876	−2,859	935
2,014	8,534	3,105	492	−3,168

二、乘算

要求保留两位小数，以下四舍五入。

一	35×7,802=
二	2,071×43=
三	634×907=
四	0.89×0.564=
五	206×18=
六	0.718×0.32=
七	432×17=
八	95×643=
九	56×809=
十	189×256=

三、除算

要求保留两位小数，以下四舍五入。

一	78.05÷86=
二	176.36÷29=
三	37,206÷53=
四	14,245÷407=
五	8,428÷602=
六	4,248÷72=
七	80,926÷941=
八	12,702÷58=
九	1,645÷35=
十	882÷14=

全国珠算技术等级鉴定　普通四级　综合练习试卷 1

班级：　　　　　姓名：　　　　　学号：　　　　　成绩：

一、加减算

一	二	三	四	五
5,806	609	9,018	1,479	8,120
134	738,410	304	536,807	354
283,741	52,391	7,637	−568	769,842
97,024	827,645	796,421	6,342	570
6,502	9,583	835	−207	−8,723
435,986	624	57,023	18,950	367
7,519	17,098	614,890	634	76,890
36,021	2,301	89,635	72,569	−9,051
874	756	4,127	−8,095	985
907	4,682	760	482	26,541
163	347	948	3,120	−145,096
8,952	5,019	9,235	−437,261	6,301
386	458	206	918	−287
2,973	9,075	1,489	−9,134	4,321
401	216	357	257	−463

六	七	八	九	十
1,397	87,098	6,508	846,950	9,563
708	9,350	741	−815	−943
596,243	615,938	6,037	7,125	8,245
40,189	327	40,528	−402	725,043
905	40,659	806	6,714	891
695,270	701,426	92,370	120	259
381	8,947	519,684	3,675	−1,548
8,527	203	7,936	91,847	864
23,406	1,856	425,713	493	42,307
1,763	623	348	21,506	−6,091
481	587	680	−690,432	104
5,942	9,410	2,319	213	−580,627
254	182	107	−7,965	78,036
7,618	5,940	8,762	592	−372
390	364	953	−3,187	5,891

二、乘算

要求保留两位小数，以下四舍五入。

一	742×689＝
二	8,165×437＝
三	204×9,581＝
四	0.6908×0.74＝
五	1,675×23＝
六	43×8,501＝
七	863×372＝
八	9,801×24＝
九	0.23×0.1605＝
十	907×86＝

三、除算

要求保留两位小数，以下四舍五入。

一	4,225÷25＝
二	298.10÷341＝
三	65,844÷708＝
四	35,052÷69＝
五	2.88÷7.05＝
六	334,225÷461＝
七	282,007÷827＝
八	753,738÷934＝
九	337,392÷528＝
十	3,280÷16＝

全国珠算技术等级鉴定　普通四级　综合练习试卷 2

班级：　　　　　姓名：　　　　　学号：　　　　　成绩：

一、加减算

一	二	三	四	五
1,608	953,476	943,280	378	7,945
29,457	12,580	651	569,107	160
305	7,061	7,906	−1,294	−3,987
57,842	280,143	571,382	429	530
983,716	9,304	406	−8,561	746,918
5,102	768	1,785	95,382	−4,081
439	53,287	923	4,617	108
7,612	692	2,086	340	80,324
821	4,051	493	52,168	452
4,953	849	52,971	−640	96,128
574	375	780	934	−210,546
286,091	1,639	3,064	−298,375	8,923
829	801	132	2,487	−579
6,704	2,497	6,059	−703	6,357
350	356	87,145	6,015	−632

六	七	八	九	十
270	589,264	64,850	6,194	526,807
74,316	7,310	253,974	238	−3,425
563,107	95,836	1,890	−4,185	732
392	8,274	560,473	823,590	−9,640
4,785	16,305	72,684	419	465
851	504,127	9,301	368	87,904
91,403	312	892	−8,203	4,159
6,795	6,894	2,356	542	231
186	750	714	17,028	64,082
4,032	268	571	−290	967
670,924	435	680	3,576	−528
259	9,710	1,293	−671,435	3,980
8,427	827	306	97,104	−160,873
185	4,509	9,278	−769	1,365
3,906	316	491	7,510	−791

二、乘算

要求保留两位小数，以下四舍五入。

一	6,145×93=
二	2,934×806=
三	76×8,029=
四	0.93×0.6156=
五	5,701×34=
六	42×1,807=
七	865×2,349=
八	9,028×76=
九	0.304×0.517=
十	178×425=

三、除算

要求保留两位小数，以下四舍五入。

一	11,029÷41=
二	257.35÷302=
三	47,313÷751=
四	10,368÷96=
五	2.12÷5.08=
六	254,364÷492=
七	260,820÷805=
八	504,755÷643=
九	171,414÷178=
十	3,103÷29=

全国珠算技术等级鉴定　普通三级　综合练习试卷 1

班级：　　　　姓名：　　　　学号：　　　　成绩：

一、加减算

一	二	三	四	五
67.32	9.73	6,287.91	874.16	19.86
2,908.14	817.46	31.85	−67.29	456.02
574.29	60.29	968.32	571.93	7,380.49
9,083.46	2,784.16	10.53	6,304.89	−9.80
1.75	531.28	871.06	−8.23	126.58
3,458.06	7.53	2.85	9,241.05	7,310.49
85.20	940.85	359.04	795.28	−21.58
416.39	4.90	8.52	36.04	6,782.05
7,201.98	651.42	6,713.04	1.67	9.10
170.65	3,826.95	140.97	5,840.92	472.39
58.93	103.67	2.69	−2,018.74	−826.75
7.60	89.35	5,347.10	2.03	54.31
410.28	7,203.16	95.68	−361.50	−3,506.94
3.79	40.81	7,324.05	46.83	3.27
246.15	5,329.47	497.62	−957.14	−214.73

六	七	八	九	十
59,812	306,578	6,235	42,936	956,043
346	2,691	249,081	−251	28,701
73,601	49,852	34,596	7,465	−9,476
4,572	3,074	467,120	804,193	87,231
163	146,583	9,765	−36,012	−402
97,304	82,741	871	853,706	572,891
8,031	936,284	12,307	4,950	6,182
60,958	7,903	4,018	647	170,659
235,764	638	920,341	−97,213	48,593
9,872	57,019	69,853	370,821	234
104,695	283	765	192	−705,362
726	42,560	283,971	−794,086	6,475
541,890	189	54,602	52,968	−17,860
82,459	59,072	375	−5,384	304
603,187	760,541	80,914	18,950	−81,593

二、乘算

要求保留两位小数，以下四舍五入。

一	284×179＝
二	591×328＝
三	967×8,034＝
四	0.765×4.03＝
五	3,428×519＝
六	203×651＝
七	865×2,349＝
八	659×31,028＝
九	423.01×0.756＝
十	0.1796×28.4＝

三、除算

要求保留两位小数，以下四舍五入。

一	441,222÷906＝
二	460,976÷613＝
三	10.4842÷5.42＝
四	0.7661÷0.309＝
五	910,991÷1,063＝
六	5,011,925÷725＝
七	104,606÷193＝
八	87,756÷284＝
九	90,842÷857＝
十	441.25÷48.7＝

全国珠算技术等级鉴定　普通三级　综合练习试卷 2

班级：　　　　　姓名：　　　　　学号：　　　　　成绩：

一、加减算

一	二	三	四	五
5,086.24	745.80	681.74	9,840.63	183.05
7.39	1.97	4,850.92	−216.84	6,842.79
19.67	6,125.34	36.57	5.21	9.43
645.21	31.28	1.72	75.68	−643.50
81.07	294.61	920.63	−736.05	29.45
2.18	5,172.83	7.05	2.60	920.67
35.64	94.76	46.91	457.03	−5.04
9,207.85	7,930.15	2,910.38	1,235.74	15.38
410.39	86.79	3.47	89.07	8,720.69
5.14	6,302.85	5,790.18	4,872.95	510.76
964.30	437.06	632.45	−3.16	−4,179.85
8,692.05	1.95	7,394.10	348.69	3.89
307.82	860.24	162.58	−89.41	−21.93
4,681.35	5.93	84.35	601.92	7,162.40
203.97	287.04	912.80	−5,027.39	−816.72

六	七	八	九	十
8,023	13,702	394,687	794,508	894
64,710	8,917	176	−41,789	783,264
951	316,029	47,389	3,875	−24,736
217,394	453	264	862	49,152
51,643	6,748	517,032	−51,024	−12,508
726,805	310,679	851	850,371	945
348	54,728	7,942	924	350,214
130,295	2,805	54,026	195,208	−1,672
4,086	140,526	8,713	−7,269	69,187
63,597	93,860	93,268	41,630	7,368
782	751	409,751	6,345	−590,438
48,067	839,564	10,892	−310,458	36,207
5,132	90,452	3,045	98,671	−590
967,501	785	69,130	−236	217,036
29,438	62,139	284,506	60,793	9,051

二、乘算

要求保留两位小数，以下四舍五入。

一	5,034×719=
二	603×871=
三	2.87×0.406=
四	928×5,046=
五	354×129=
六	43,607×218=
七	819×0.60357=
八	18.29×0.354=
九	546×9,782=
十	791×503=

三、除算

要求保留两位小数，以下四舍五入。

一	103,974÷258=
二	4.8018÷0.682=
三	204.7÷51.6=
四	735,945÷903=
五	1,228,065÷4,309=
六	3,324,857÷851=
七	195,546÷379=
八	1,230.49÷974=
九	480,128÷704=
十	119,322÷126=